PRINCIPES

DE

LA GUERRE DE MONTAGNES.

MINISTÈRE DE LA GUERRE.

PRINCIPES

DE

LA GUERRE DE MONTAGNES,

PAR M. DE BOURCET,

LIEUTENANT GÉNÉRAL,
COMMANDANT EN SECOND DE LA PROVINCE DE DAUPHINÉ,
COMMISSAIRE PRINCIPAL DE LA LIMITATION DES ALPES, DIRECTEUR DES FORTIFICATIONS.

1775.

PLANCHES.

PARIS.

IMPRIMERIE NATIONALE.

M DCCC LXXXVIII.

TABLE DES PLANCHES[1].

Pages.

[1] Les planches sont numérotées en une seule série de 1 à 30, d'après l'ordre dans lequel elles sont insérées dans le manuscrit. Le numéro de chaque planche figure à gauche, en haut du cadre; les numéros inscrits à droite n'ont aucune signification; il n'en est, du reste, pas fait mention dans le manuscrit. Les planches 31, 32, 33, extraites du manuscrit de la campagne factice, n'ont pas été numérotées.

Toutes les planches ont été photographiées et reproduites par la phototypie par le Service Géographique de l'armée.

CARTE des Frontieres de Piemont Pl. I

EXILLES
BRIANÇON
EMBRUN
Barcelonnette
COMTÉ
BREUIL

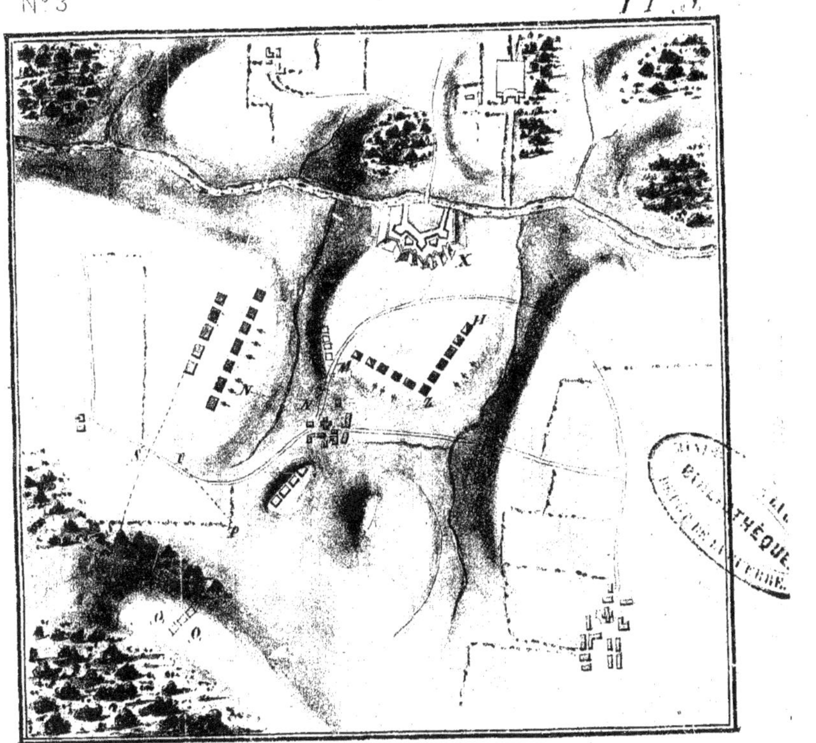
X
N
O

CAMP de Tournoux

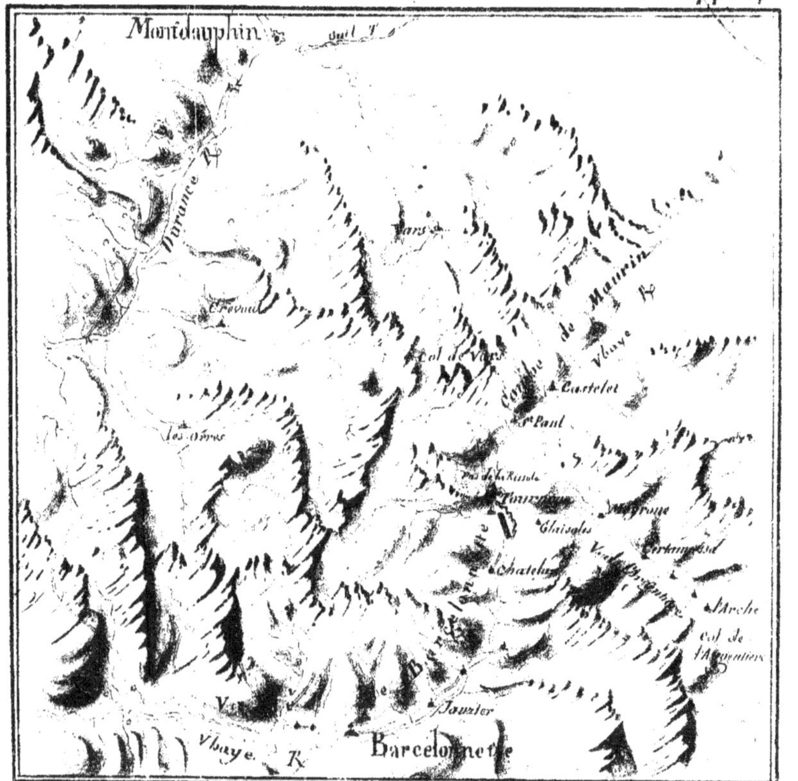

A
B

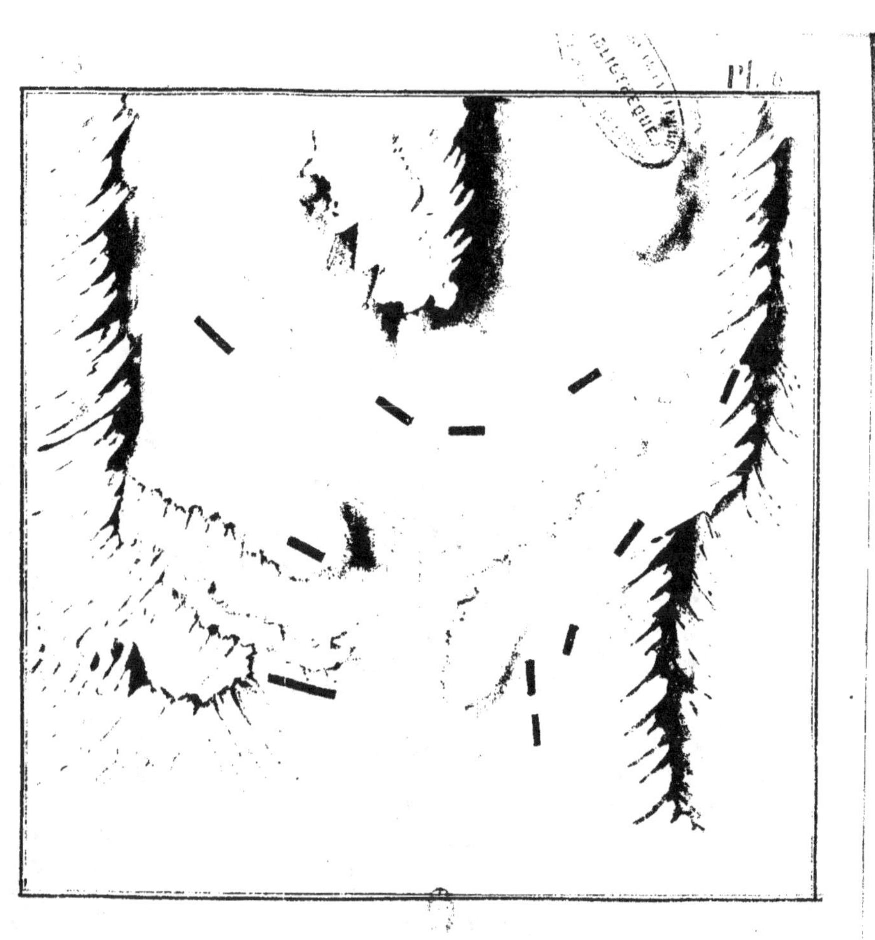

Cipieres
Canllen
St Vallier
Coursegoules
Cabris
GRASSE
St Paul
Cessole
Amoreta
VENCE
St Vaul
Antibes
Mouans
Valbonne
Villeneuve
Cagne
St Paul
Vallaures
La Napoule
Biot
St Laurent
Caunes
St Valbri
ANTIBES
Isles St Marguerite
MER
MEDITERRANNÉE

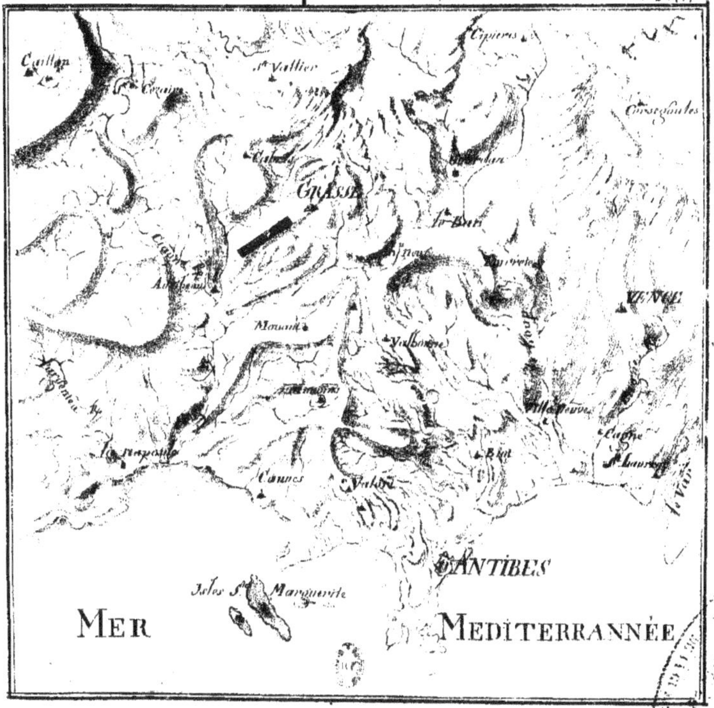

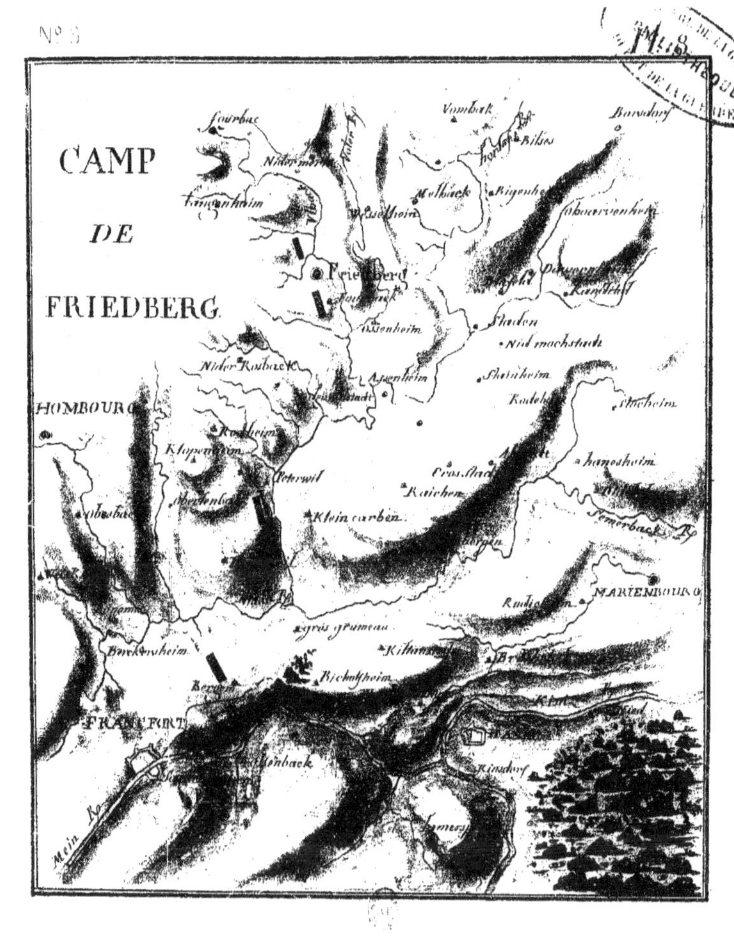
CAMP
DE
FRIEDBERG.
HOMBOURG
FRANCFORT
MARIENBOURG
Friedberg
Nider Rosbach
Klein carben
gros gruneau
Mein Fl.

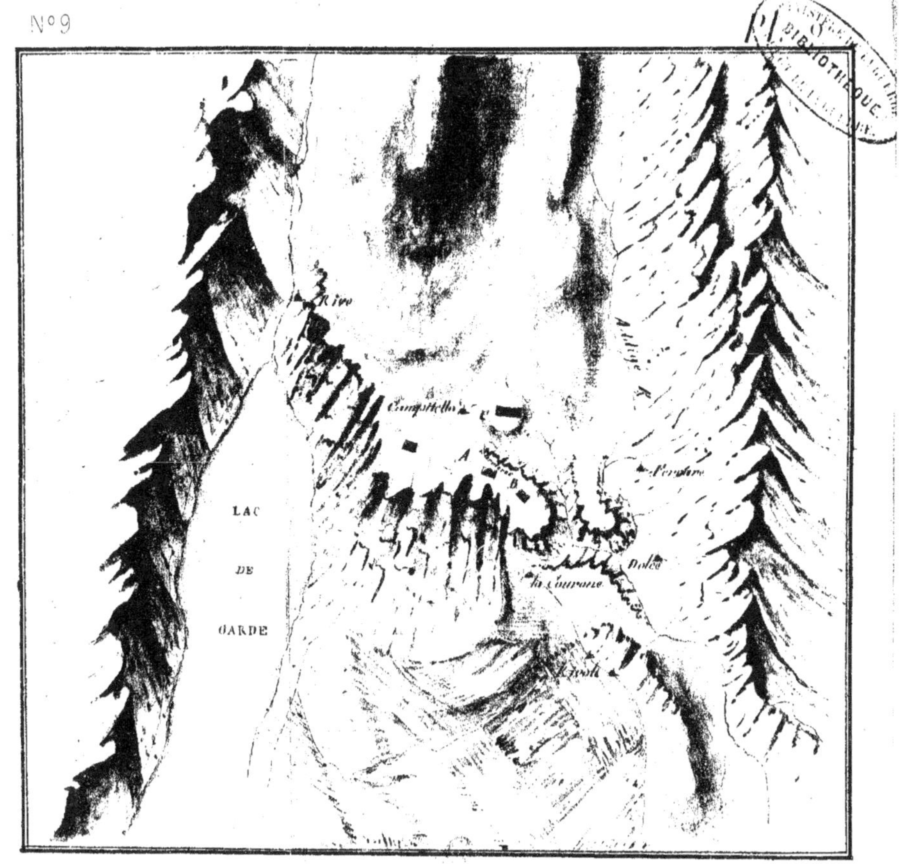
Riva
Campstella
Adige R.
Peschiera
Dolce
la Courone
Rivoli
LAC
DE
GARDE

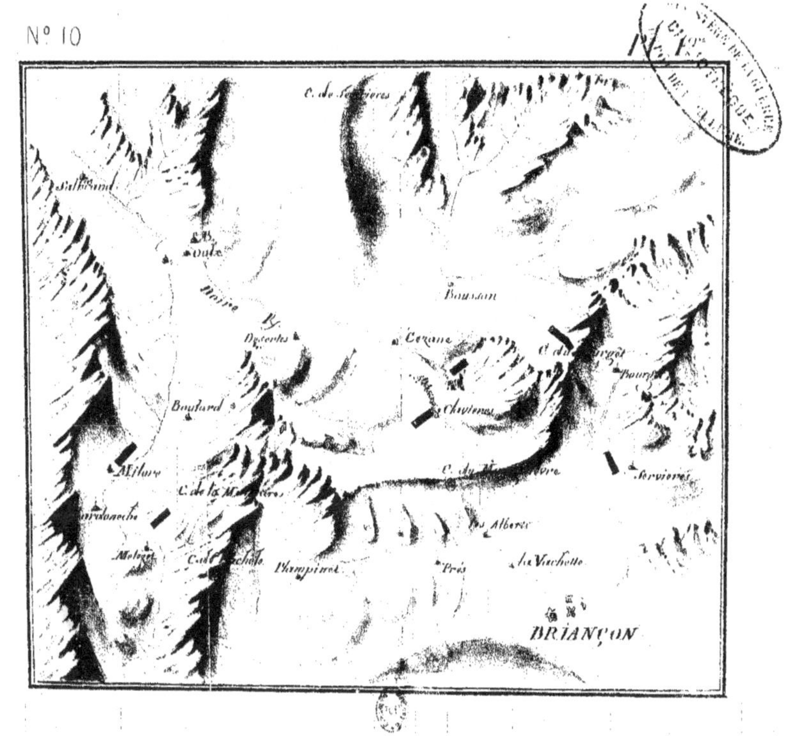

C. de Servieres
Sdbssund
C. B. Oulx
Moine
Ry.
Desertes
Boussan
Cezane
C. du Sarget
Boulard
Bourg
Chytenas
Alilore
C. du M. Genevre
Servieres
C. de la M. eres
Cardonoche
s. Alberts
Molent
C. du Vachette
l'hampinet
Prés
la Vachette
BRIANÇON

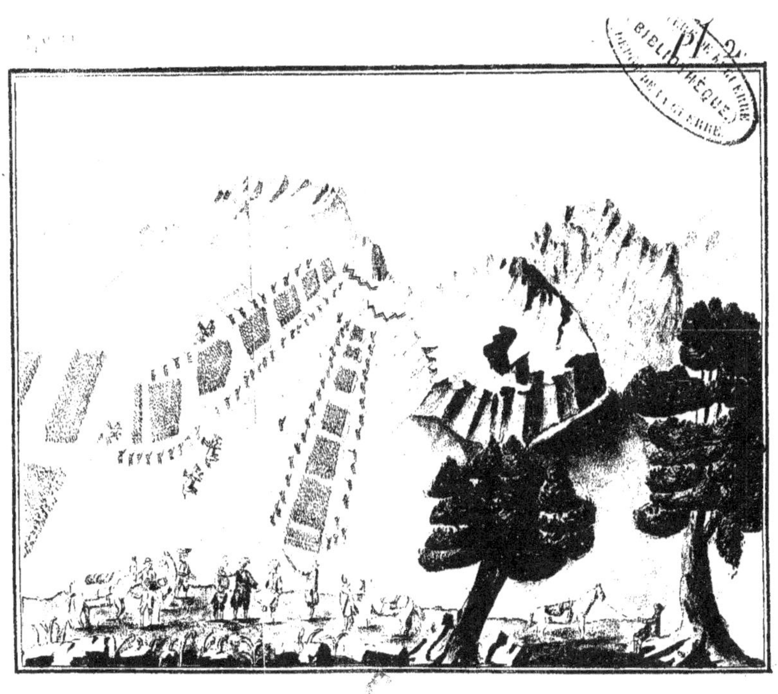

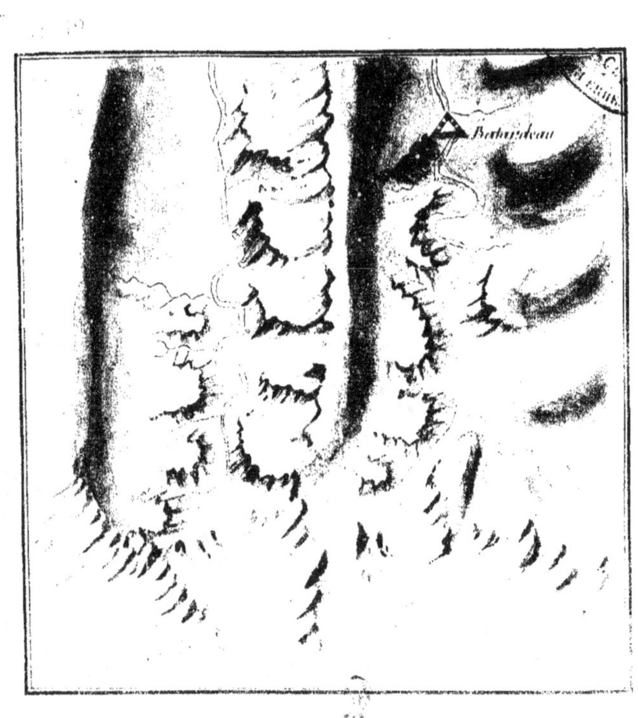
Berthapsheau

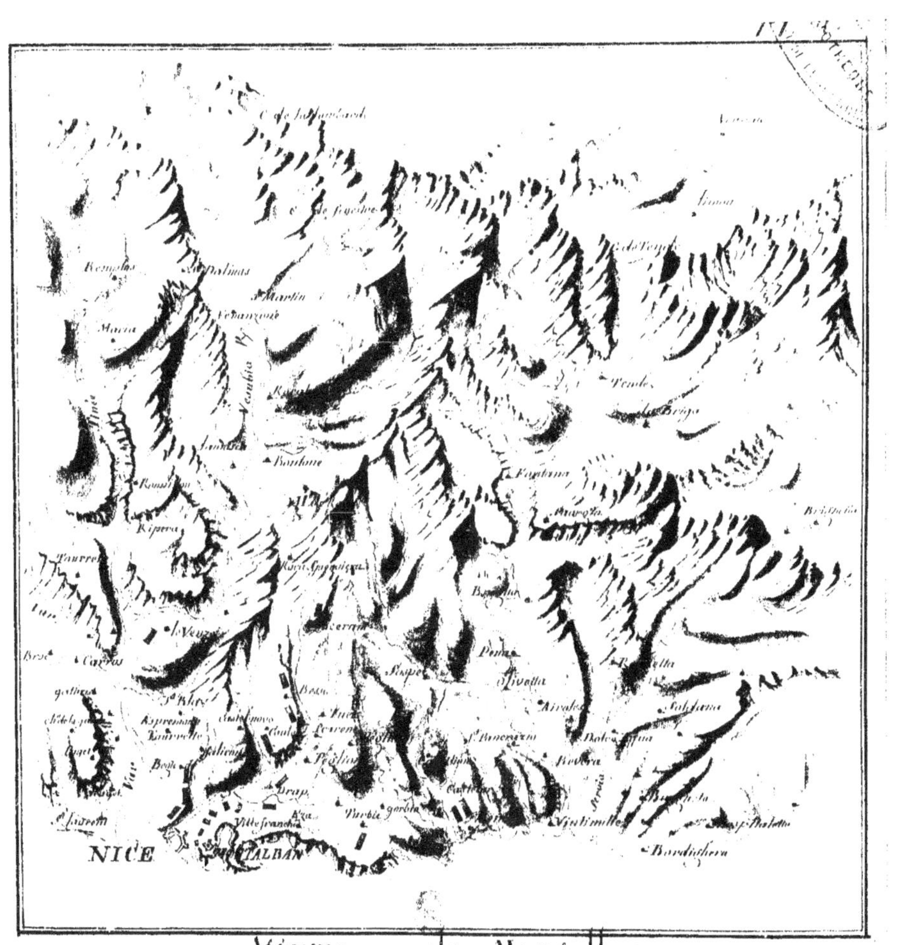
NICE
MONTALBAN
Villefranche
Attaque de Montalban

CAMP de Palon

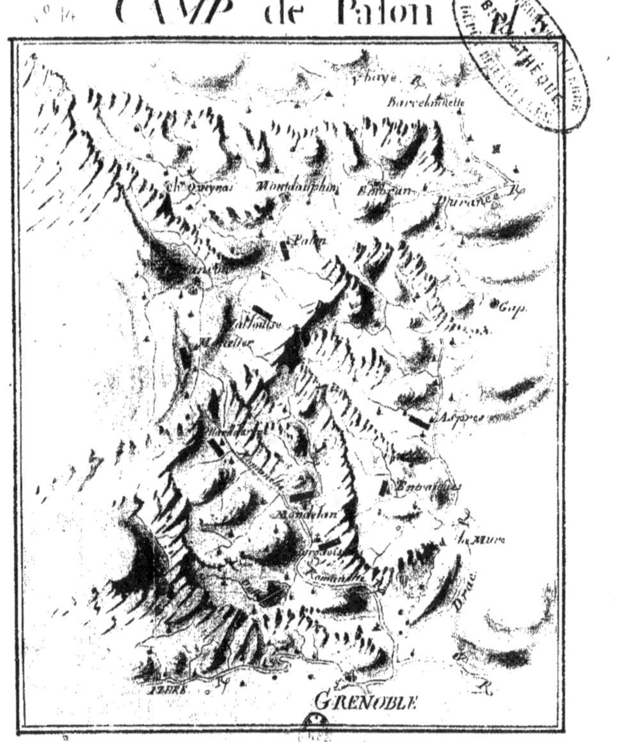

Pl. 6.

MER MEDITERRANNÉE
Vintimiglia
Albenga
Oneglia
Tende
C. de Tende
Briga
Saorgio
Breglio
Dolce acqua
Bordighera
S.t Remo
C. Verde
Taggia
Porto Maurizio
La Pieve
Pigna
Triora
Ormea

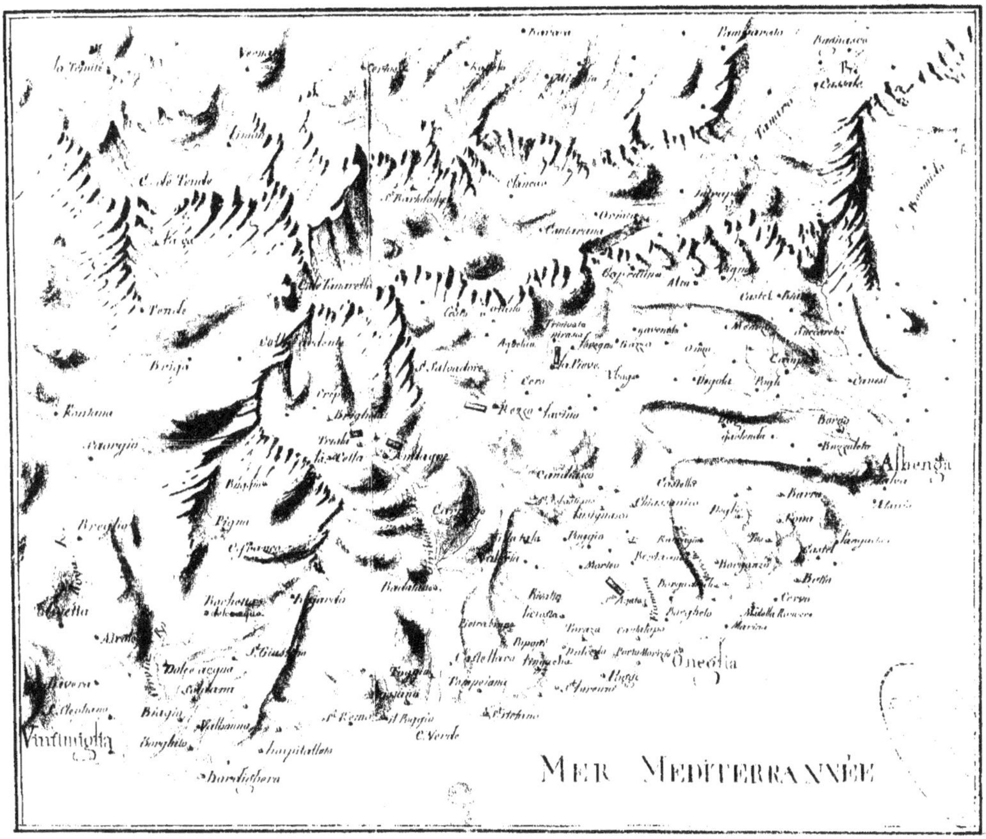

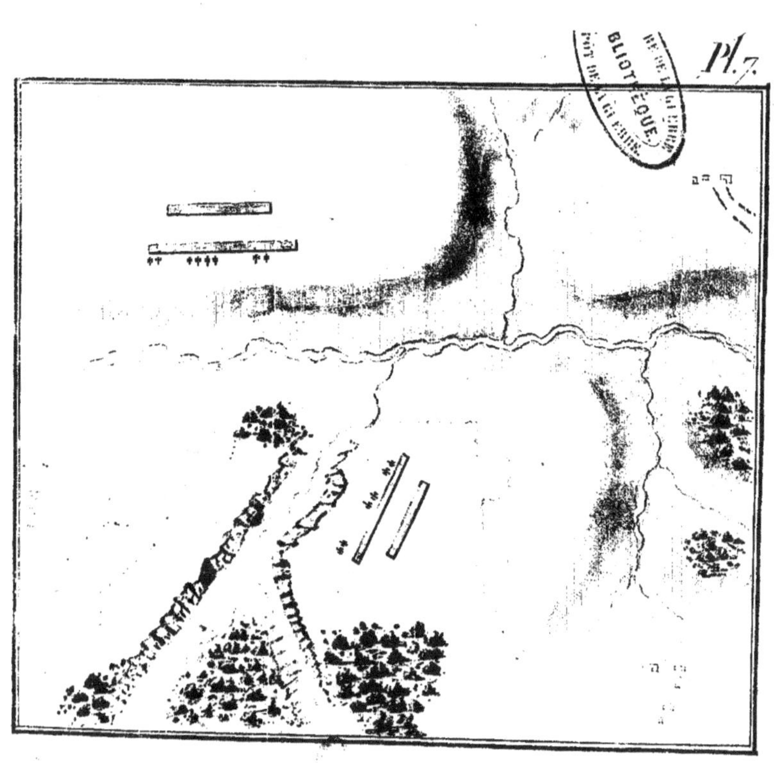

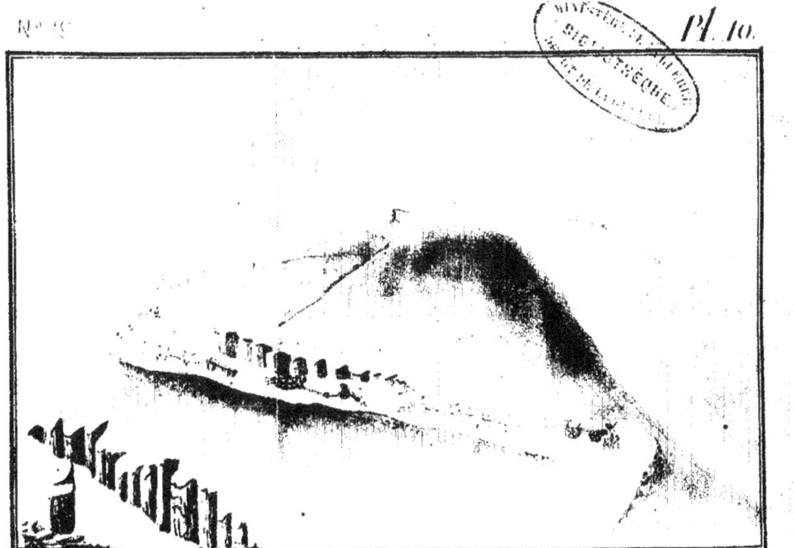

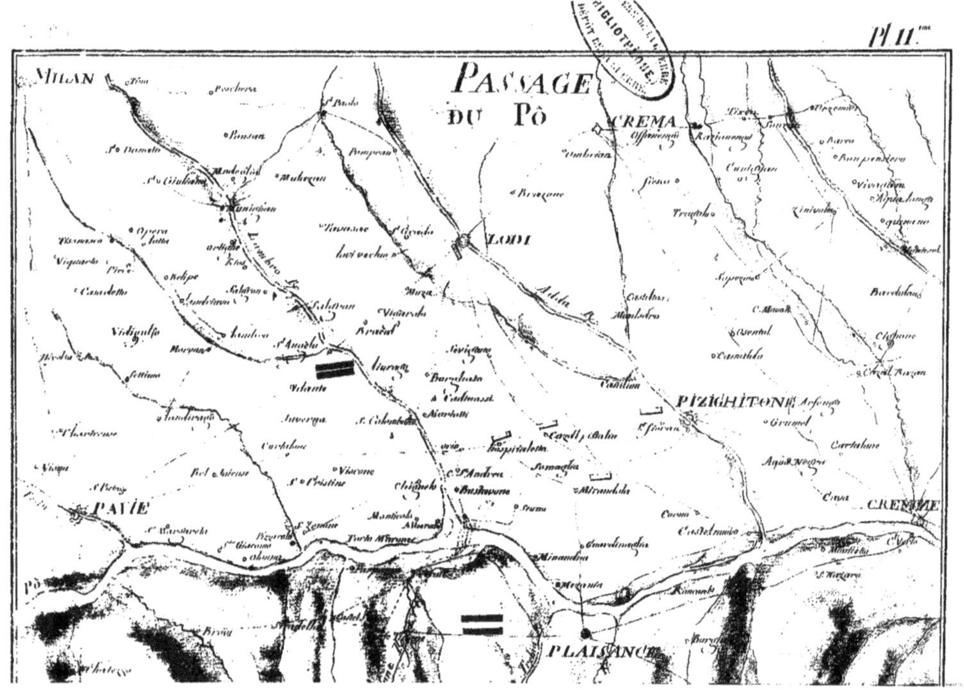
PASSAGE DU Pô
MILAN
CREMA
LODI
PIZIGHITONE
PAVIE
CREMME
PLAISANCE
Pô

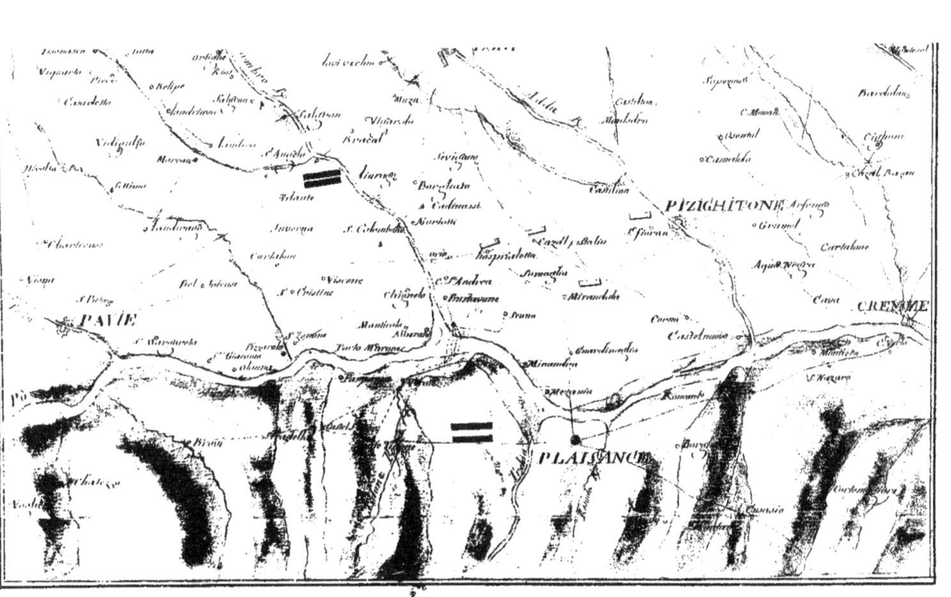

PAVIE
PIZIGHITONE
CREMME
PLAISANCE
Po

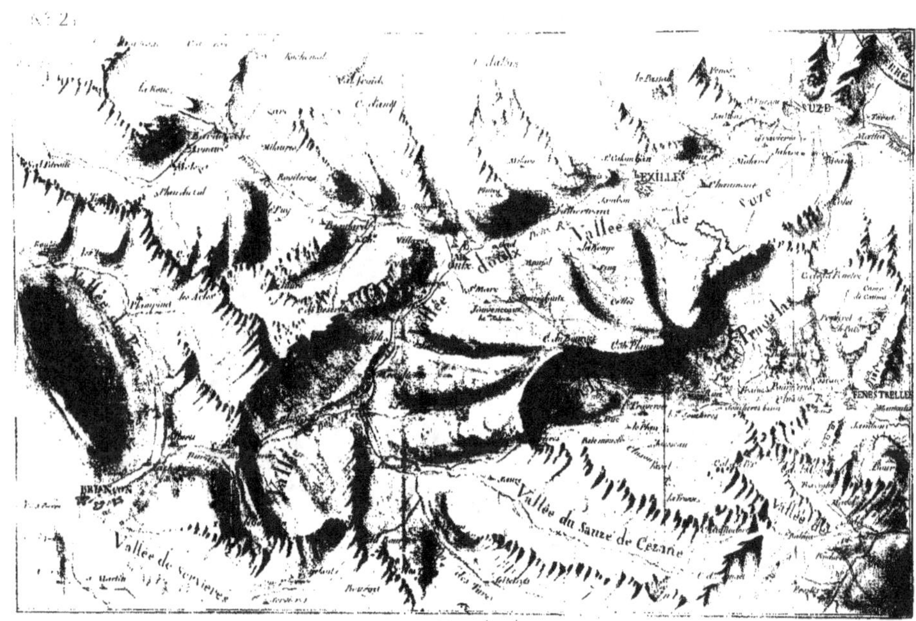

Frontière de l'Italie

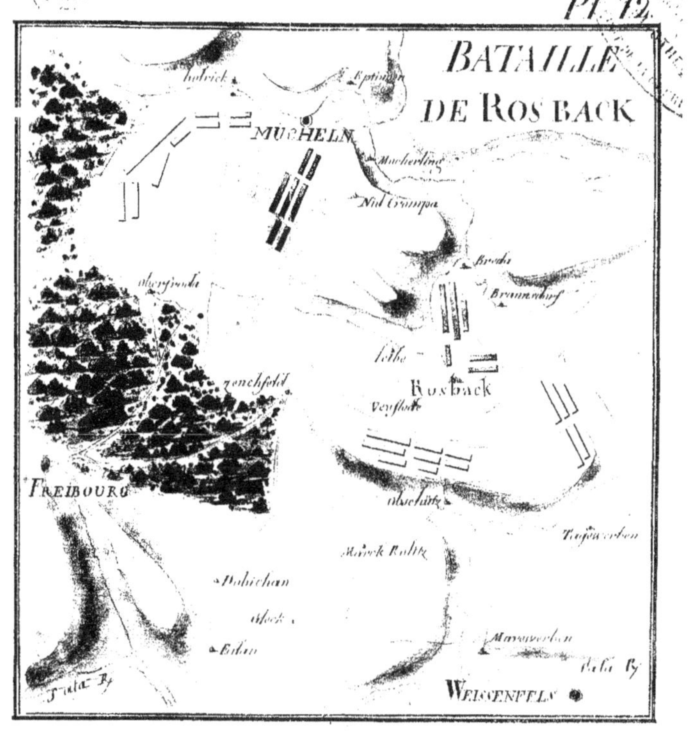
BATAILLE DE ROSBACK
hulrick
Eptinan
MUCHELN
Mucherling
Nid Crampa
Brocka
Braunsdorf
oberfrenda
Lethe
Rosback
zenchfeld
Venstholte
obschütz
FREIBOURG
Teugwerben
Merock Rohtz
Pohichan
block
Eihen
Marauverben
Gola By
Gola By
WEISGENFELS

Affaire de Lutzelberg

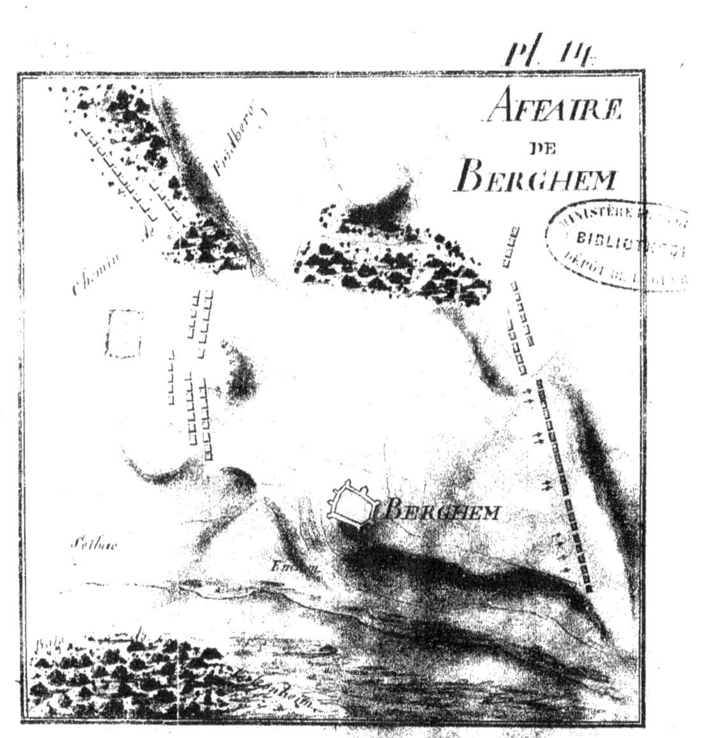

pl. 14
AFFAIRE
DE
BERGHEM
Chemin
Feilborg
BERGHEM

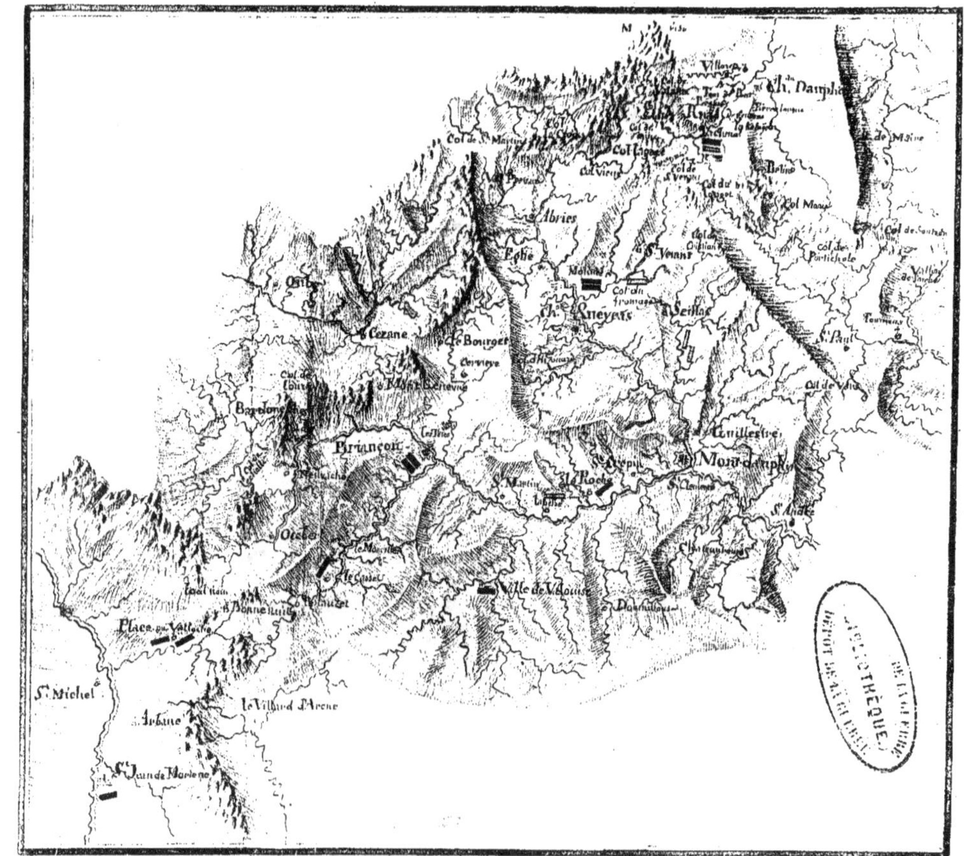
Villar-?
Ch. Dauphin
Elbe Real
Col de Martin
Col de
de Maine
Abries
Eglie
S. Venant
Col de
Portichole
Osib
Molino
Col des
Portichole
Vallée
de Varaita
Ch. Aneyars
Seillac
S. Paul
Cezane
de Bourget
Col du
fromagez
Cervieye
Col de
l'Ours
S. Martin Lanteuve
Col de Vars
Bardon
Lettins
Guillestre
Mont-dauph
Briançon
Arepin
Martin
Jl. Roche
S. Clement
S. André
Oisel
le Monetier
Ville de Vdouis
le Guizet
Dauphin
Bonne Ville
le Guizet
Place du Valloire
S. Michel
le Villard d'Arene
Arbane
S. Jean de Mariene

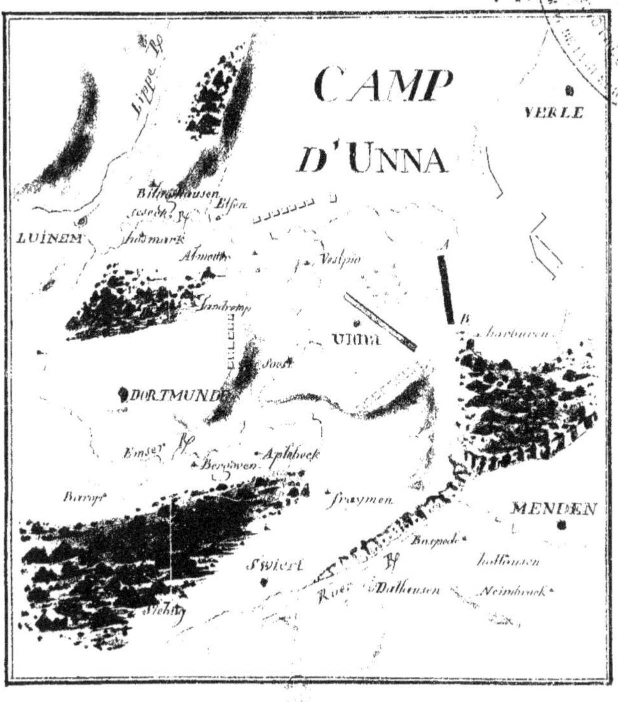
CAMP
D'UNNA
VERLE
Lippe
Billinghausen
Elsen
Sesseck
LUÎNEM
heemark
Almenth
Vestpio
A
Landrenp
B
Soest
UNNA
harburen
DORTMUND
Emser
Aplebeck
Bergowen
Barrop
Swiert
fraymen
MENDEN
Burgrode
hoffhausen
Roer
Dalhausen
Neimbruck
Mehity

CARTE
DE
L'ALEXANDRIN

VALENCE
Pô Fl.
Quassara
Castelnuovo
Salté
Gravelines
Bassignana
Rivarola
Fattorie
Sabbi
S. Giuliana
Garrafola
TORTONE
ALEXANDRIE
S. Salvadar
Castelletta
Vedeluetta
Zanera Fl.
Castel Baian
Cantalupo
Boignuala
Castel Spigno
Marengo
Cassine grossa
la Viela
Piroul
Spinette
Mariensara
Castel cornetta
Fregurola
Putta nuova
Fressannara
S. Biabara
Bazaluzza
NOVI
Vallio
Trevina
S. de la Paille
Montalarasso
Camelano
Spinoletta
Castelferrero
Palrina
Capriata
SERRAVAL
Fontenil
Marensana
Castel montino
Fanese
R. Pralta
Castel Roquino
Mantabone
Orsara
Bormana
ACQUI
Visana
Mirandlo
Morsasio
Castelleti
Cicchefaro
GAVI
Ponte
Mellaeo
Risi
Paracla
Serbella
Arz
Carsezio
Castelleto
Capature
S. Estevo
Maronzi
Cittaella
Pragon
Cremozino
Riabi
Monta Chiaro
Planzone
Carrinello
Belforte

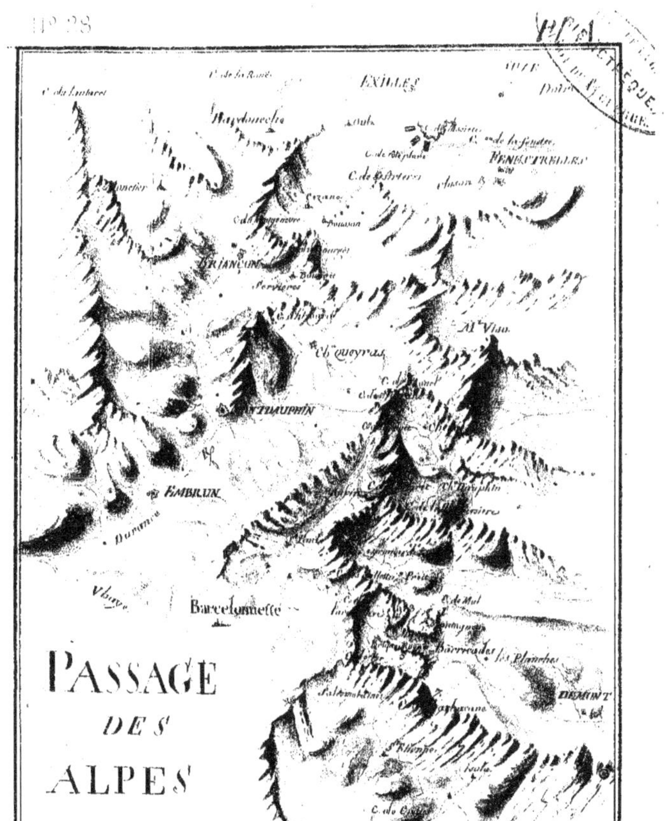

PASSAGE
DES
ALPES

NICE
VENCE
MONACO
Vintimille
Bordighera

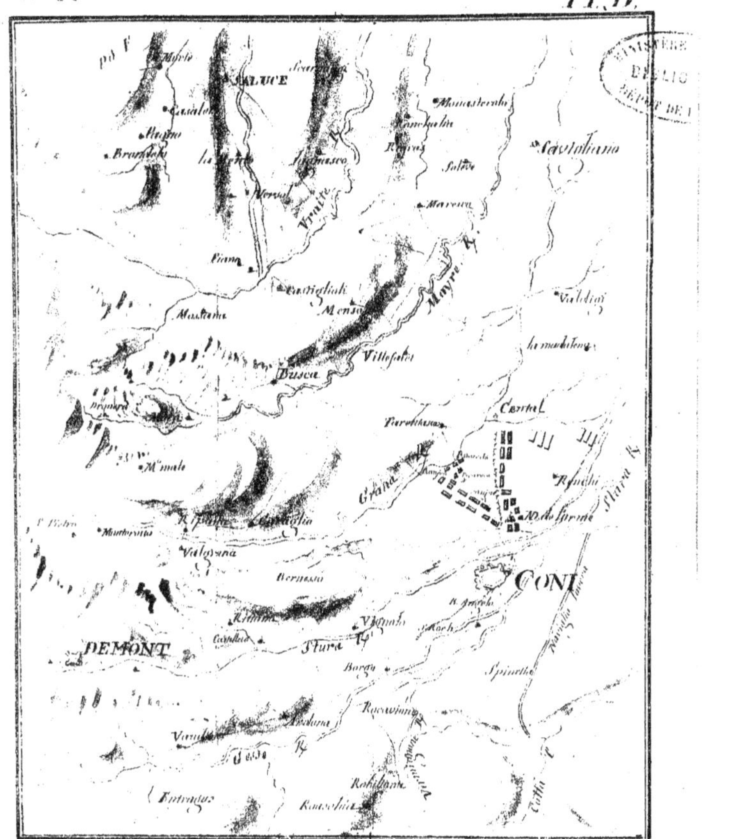
SALUCE
Monasterolo
Cavalgia
Cavallana
Brondelo
la Motte
Manasco
Verine
Salice
Mareuil
Piam
Castiglia
Menso
Mayra R.
Valdigi
Mastana
Villefalet
la maudelena
Busca
Castel
Bergnard
Tarchianan
Rocca
Stura R.
Grana
Ronchi
M.le male
D. de Marone
S. Petro
R. Pelice
Caraglia
CONI
Mantorotta
Valgrana
Bernessa
Riumi
Vignalo
DEMONT
Castelid
Stura
Barge
Spinetta
Rocawim
Varaita
Fossano
Chiana
Rohilante
Entragur
Rauschia
Tetto
Bataille de Coni

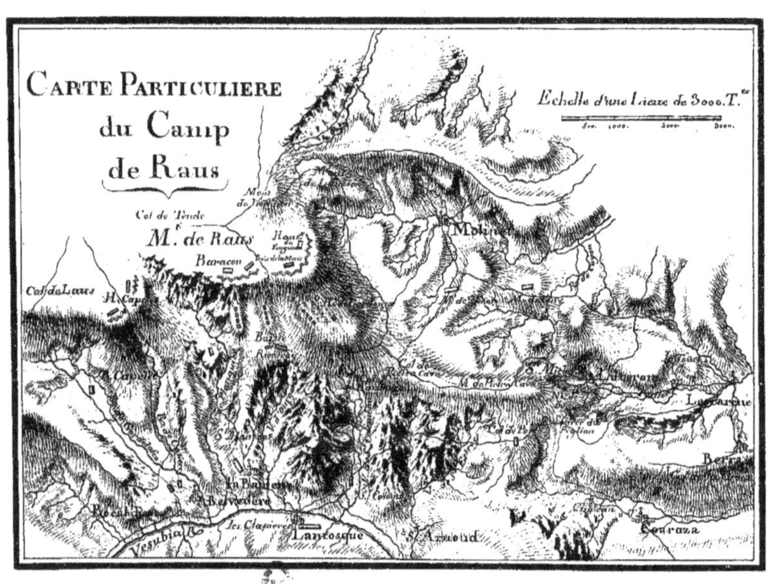

CARTE PARTICULIERE
du Camp
de Raus
Echelle d'une Lieue de 3000 T.
Mont de Jau
Col de Tende
M. de Raus
Haut de Tourguein
Baracon
Bois de la Marie
Col de Laus
H. Cap
Molin
Bause
Cavaire
Col du Cave
Sospel
La Barque
La Bollene
A. Belvedere
Breuil
Vesubiais
les Clapieres
Lantosque
S. Arnoud
Souraza

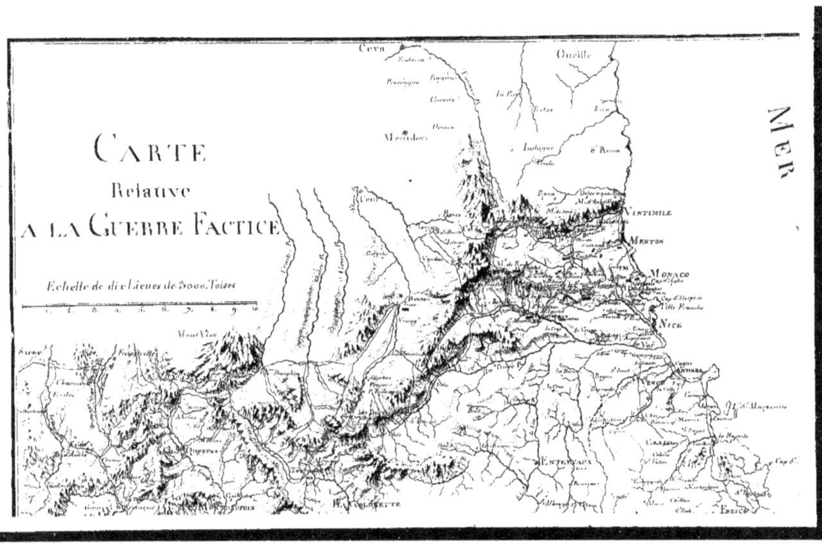

CARTE
Relative
A LA GUERRE FACTICE
Echelle de dix Lieues de 3000. Toises
1. 2. 3. 4. 5. 6. 7. 8. 9. 10.
Mont Viso
Ceva
Oneille
MER
VINTIMILE
MENTON
MONACO
Ville Franche
NICE
ANTIBES
I. Ste Marguerite

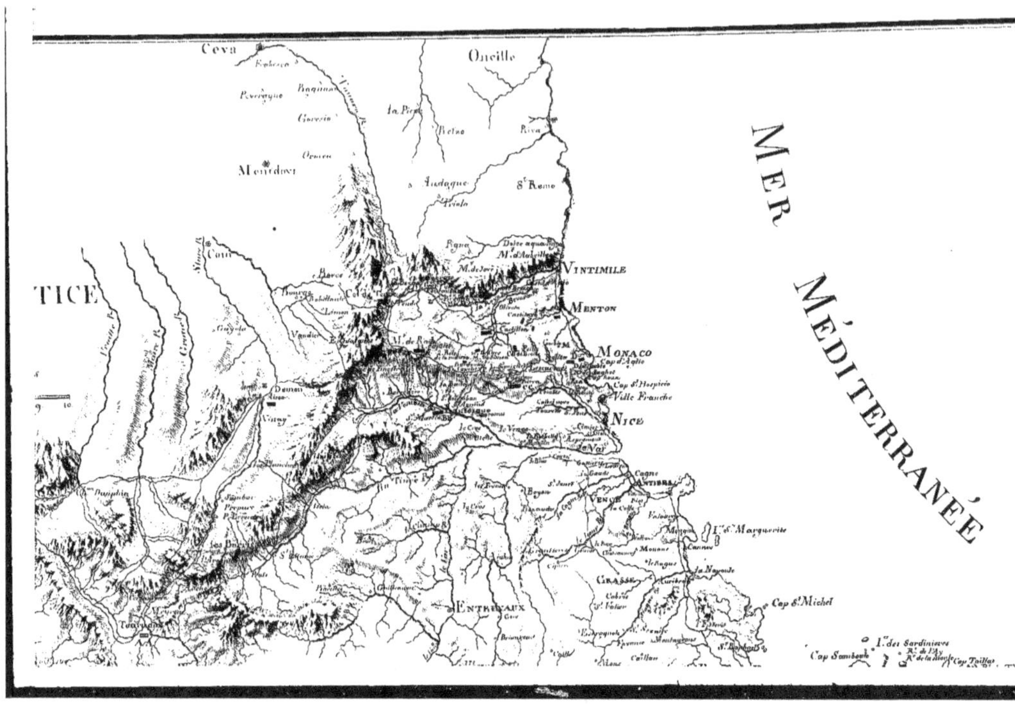

Ceva
Oneille
MER MÉDITERRANÉE
TICE
Montdovi
S.t Remo
VINTIMILE
MENTON
MONACO
Cap d'Aglio
Cap S.t Hospice
Ville Franche
NICE
ANTIBES
VENCE
GRASSE
ENTREVAUX
L'.es Marguerite
Cannes
Cap S.t Michel
Cap Sambour
Cap Taillat

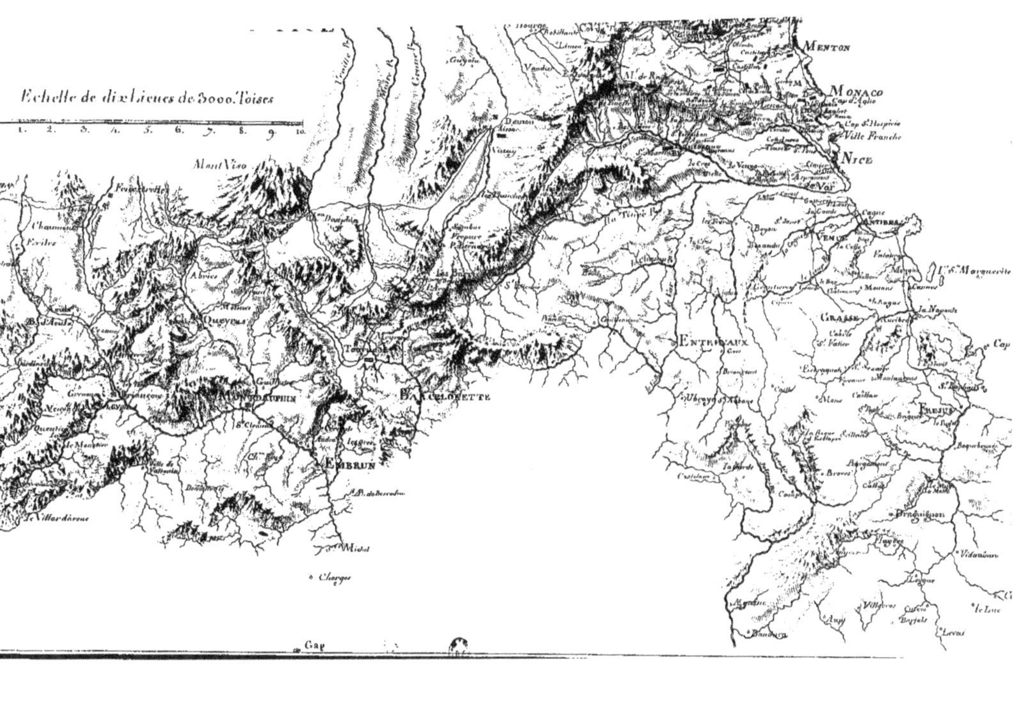

Echelle de dix Lieues de 3000 Toises
1. 2. 3. 4. 5. 6. 7. 8. 9. 10.
Mont Viso
MENTON
MONACO
Cap S.t Hospice
Ville Franche
NICE
Le Var
ANTIBES
Isle S.te Marguerite
Cap
GRASSE
QUEYRAS
BRIANÇON
MONTDAUPHIN
BARCELONETTE
EMBRUN
ENTREVAUX
FREJUS
Gap

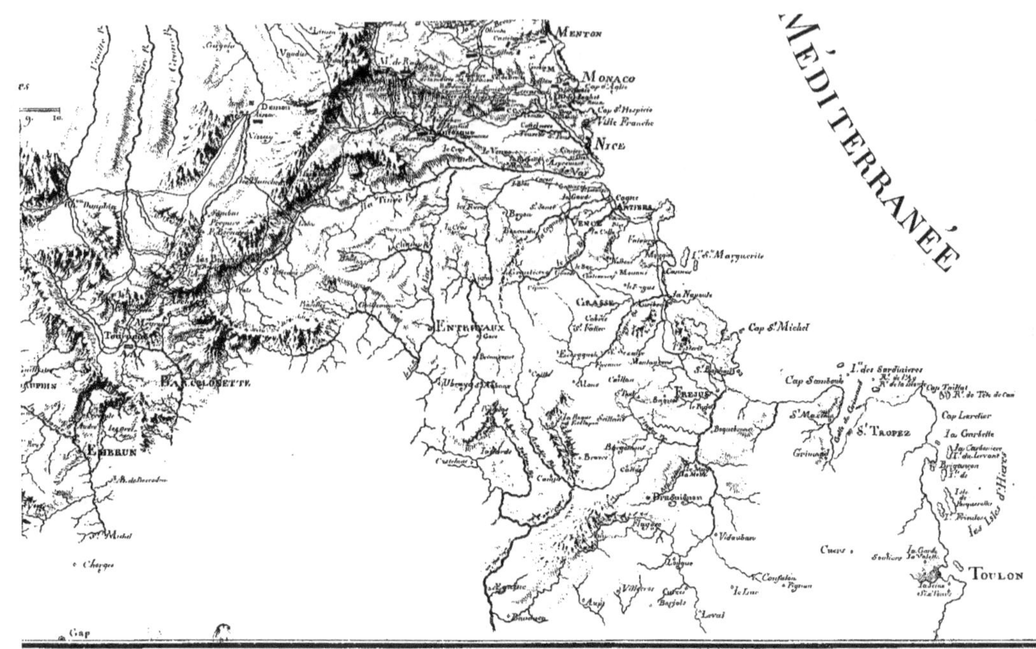

MÉDITERRANÉE
MENTON
MONACO
Cap d'Aglie
Cap d'Hospice
Ville Franche
NICE
ANTIBES
VENCE
I. S.te Marguerite
la Napoule
GRASSE
Cap S.t Michel
I.es Sardinieres
Cap Saubenis
Cap Taillat
Cap Lardier
la Garbette
S.te Maxime
S.t TROPEZ
Cap Cardenine
I.t de Levant
Grimaud
Brigançon
I.t de
Iles de Porquerolles
I.es Iles d'Hieres
Cuers
TOULON
ENTREVAUX
EMBRUN
LA COLONETTE
DAUPHIN
Brignolan
Vidauban
Confulan

TABLEAU Général pour la Marche de l'ARMÉE d'Offensive

Camp de Lantosca

Dates	les 3. Bat.ons de Besauduu St Jeannet et Gatieres	les 2. Bat.ons de Jouvenzo	les 5. Bat. de Belvedere St Martin Lantosca Nielle,
le 6 May le 7. le 8. le 9. le 10. le 11. le 12	au Brock à Leuvenza à l'Astluza	à Lautosca	à Lantosca
11. Bataillons y compris un Bataillon de Fusiliers de Montagne			

Camp de Berra

Dates	les 3.B. de Fayauce Teillous et Cailleus	les 3.B. du Bard et de Vence	les deux Bataillons de Grasse	les 4. Bat. du Biot Cagne St Paul et la Colle assemblés à St Laurent
le 6 May le 7. le 8. le 9. le 10. le 11. le 12	à Grasse à Vence à Aspremont Séjour à Castelnovo à Berra	à Aspremont à Berra	à Venice à Castelnovo à Aspremont Séjour à Bora	à St Laurent à Nice à Drap à Berra
17. Bataillons y compris les 5. Bataillons dont un de Fusiliers de Montagne de Berra de Lucéram et Lescarène				

Camp de ND. de Laghet

Dates	le Bataillon de St Laurent réuni le 8. avec le 2. de St Jean St Pons et Simias sur Nice	les 2. Bat.ons de Causa	les 2. Bat.ons d'Aspremont et Tourrette réunis avec celui de Castelnovo
le 6 May le 7. le 8. le 9. le 10. le 11. le 12	à Nice à la Trinité à ND. de loghet	à Cagne à Nice à la Trinité à ND. de loghet	à Drap à ND. de loghet
8. Bataillons			

Camp de la Turbie

Dates	le Bataillon d'Escarat et le 2. Bat.ons de Villefranche	le Bataillon de la Trinité et deux des 4. Bataillons de Nice	le Bataillon de Seille, et celui de Contes
le 6 May le 7. le 8. le 9. le 10. le 11. le 12	à la Turbie	à la Turbie	à la Turbie
11. Bataillons y compris les trois Bat.ons de la Turbie & Monaco			

Camp de Tournoux

Dates	les 2. Bat.ons de St Crepin Chateauroux et St Clement pour réunir avec celui de Guillestre le 8.	les 2. Bat.ons du Marche et de la Salle	les 2. Bat.ons du grand Villard et St Martin	les 2. B.ons de Vallouise	les 4. Bat.ons de Barcelonnette Josier et l'Arche
le 6 May le 7. le 8. le 9. le 10. le 11. le 12	à Tournoux	à Briançon à la Roche Séjour à Vera à St Paul à Tournoux	à la Roche à Vars Séjour à St Paul à Tournoux	à la Besse à Guillestre à St Paul à Tournoux	à Tournoux
13. Bataillons					

Récapitulation des Bataillons

au Camp de Lantosca .... 11.
au Camp de Berra .... 17.
au Camp de ND. de Laghet .... 8.
au Camp de la Turbie .... 11.
au Camp de Tournoux .... 13.
à Nice .... 2.

         Total .... 62. B.ons

TABLEAU Général pour le premier mouvement de l'ARMÉE en Défensive

Dates	Camp de Menton	Camp de Sospel				Camp de Raus			Camp de Vinney			
	les 3. Bataillons de Vintimille laissant 200. Hommes de Garnison au Chateau se rendront	le Bataillon de Bevera	le Bataillon de la Sene	les 2. Bataillons de Breglio	les Bataillons de Gorbio et Castelar se réuniront avec celui de Castillon le 10. et monteront le 14. pour se rendre le même jour à Sospel	les 2. Bataillons de Tende	le Bataillon de la Briga	les 2. Bataillons de Saorgio après avoir laissé 150. Hommes de Garnison au Chateau.	les 2. Bataillons de Brenes et celui de Pont Bernard et Pierre Pouf	le Bataillon d'Aison	les 2. Bataillons d'Entraigue et Vaudier réunis le 10.	le Bataillon de Limon réuni avec celui de Rahitant le 10.
le 11. May le 12. le 13.	à l'Olivette			à Sospel		au Mont de Raus	à Tende	à Coufau			à Festionne à Vinney	à Vaudier à Festionne à Vinney
le 14. le 15	à Mentonoules 6. Bⁿˢ qui s'y trouve déjà compris en ligne	à Sospel	a Sospel		à Sospel	au Mont de Raus	à Tende	au mont de Raus	à Lambec où ils camperont avec celui qui y étoit en quartier	à Vinney où il se réunira avec celui qui y est en quartier		
	6. Bataillons	9. Bataillons				5. Bataillons			10. Bataillons			

Récapitulation des Bataillons

au Camp de Menton . . . . 6.
au Camp de Sospel . . . . 9.
au Camp de Raus . . . . 5.
au Camp de Vinney . . . . 10.

Total . . . . 30. Bⁿˢ